DON BOSCO

Birgit Fuchs

Die 50 besten Spiele für Kindergruppen

DON BOSCO

MiniSpielothek

**Gerne nehmen wir Ihre Anregungen,
Wünsche, Kritik oder Fragen entgegen:**
Don Bosco Medien GmbH, Sieboldstraße 11, 81669 München
Servicetelefon: (0 89) 4 80 08-341

Bibliografische Information der Deutschen Nationalbibliothek

Die Deutsche Nationalbibliothek verzeichnet diese Publikation in der Deutschen Nationalbibliografie; detaillierte bibliografische Daten sind im Internet über http://dnb.d-nb.de abrufbar.

2. Auflage 2009 / ISBN 978-3-7698-1615-0

Umschlag und Illustration: Felix Weinold
Layout: Alexandra Paulus
Produktion: Don Bosco Druck & Design, Ensdorf

Gedruckt auf umweltfreundlichem Papier

Inhalt

Der Mensch ist
nur dort Mensch,
wo er spielt.

(Friedrich Schiller)

Spiele für das Ich

Der Motzfrosch

Ein Spieler sitzt inmitten des Kreises. Er hat die Aufgabe, auf alle Fragen seiner Umsitzenden mit einem trotzigen und verdrießlichen „Nein“ zu antworten. „Willst du einen Lutscher?“ – „Nein!“ schreit der Motzfrosch und blickt zornig in die Runde.
„Möchtest du gerne mit Flipper tiefseetauchen?“ „Hast du Lust auf Schnettereteng?“ usw.

Die Fragen werden immer lustiger, noch dazu bemüht sich jeder Fragesteller um eine lachmuskelstrapazierende Gebärdensprache. Da werden Grimassen geschnitten und witzige Geräusche erzeugt. Und da soll ein Motzfrosch motzig bleiben?
Das Ziel ist erreicht, wenn sich der Motzfrosch das Grinsen nicht mehr verkneifen kann. Er darf einen neuen Miesepeter auswählen, der nun seinerseits seine starke Haltung unter Beweis stellen soll.

Hier wohnt –

Wenn sich hinter einer Türe eine Gruppe von Menschen befindet, die sich die „Sternchen-Gruppe“, „Musikkurs A“ oder „Familie Kuckuck“ nennt, so weiß noch lange nicht jeder, dass dort auch ein Hänschen K. zu finden ist. Deshalb wird ein großes Türschild gebastelt – versehen mit den Namen aller Mitglieder, auch der Jüngsten. Schließlich ist man doch wer, das wissen (hoffentlich) bereits die kleinen Kinder. Und damit man auch wirklich niemanden übersieht, wird unter das Türschild ein zweites Zeichen gesetzt: Ein farbiger Kartonstreifen auf welchem jedes Gruppenmitglied seinen Fußabdruck hinterlässt, denn hier hat jeder einen sicheren Standplatz!

Material

- Zeichenkarton
- bunte Stifte
- Fingerfarbe

Ein Name wie aus dem Bilderbuch

Kennen Sie den?
Ein Kind kommt in die Schule. Dort wird es gefragt, wie es heißt. Das Kind antwortet: Schnucki Meier.
Damit einem Sprössling diese Blamage erspart bleibt, schenkt man seinem richtigen Vornamen Beachtung und spricht das Kind auch bevorzugt damit an. Der Name hat große Bedeutung für die Identität des Namensträgers.
Beim folgenden Spiel geht es darum, den eigenen Vornamen positiv zu besetzen und ihn kreativ auszugestalten.
Jeder Mitspieler – insbesondere die Jüngeren und Jüngsten einer Gruppe – erhalten Papierstreifen und Malstifte. Auf dem Streifen wird nun in großen Druckbuchstaben und mit reichlich Abstand zwischen den einzelnen Lettern der eigene Vorname geschrieben. Für Kinder, die noch nicht schreiben können, übernimmt diese Arbeit ein Erwachsener. Dann geht es ans Tüfteln! Zu jedem Buchstaben des Namens (um ihn herum, in ihn hinein) soll nämlich ein Bildchen gefunden werden, in welches sich die Form des Buchstabens gut einfügt.

z. B.:

Die fertigen Kreationen werden an die entsprechende Zimmertüre oder auf ein Gemeinschaftsplakat gepinnt.

Material

- Papier
- Buntstifte

Blumenkönig und Blumenkönigin

Blumen werden ja oft mit den edelsten Namen bedacht: Königin der Nacht, Schwarzäugige Susanne, Rittersporn ...
Bei diesem Spiel darf jedes Gruppenmitglied eine Blumenzwiebel in einem Topf mit Erde versenken. Am Topf wird ein riesiges Schild angebracht, auf dem der richtige Name des Pflanzers – sowie der frei erfundene Märchenname der Blume geschrieben steht.
Thomas zum Beispiel platziert nun das gute Stück am Fensterbrett und sorgt für die tägliche Pflege. Wichtig: Thomas stellt sich dabei vor, selbst diese Zwiebel bzw. die Blume zu sein – welche Behandlung würde er benötigen? Welches Ergebnis könnte bei guter Pflege zu erzielen sein? Eine aufregende Sache dieses Blumenspiel! Insbesondere dann, wenn auch in begleitenden Gruppengesprächen der Bogen zur eigenen Person geschlagen wird: Welche Pflege bräuchte ich selbst, welche Behandlung täte mir gut, durch welche regelmäßigen „Streicheleinheiten" könnte es gelingen, dass die persönlichen Anstrengungen im Leben Früchte tragen?

Tipp

Amarylliszwiebeln eignen sich besonders gut. Sie treiben mehrere Blüten von enormen Ausmaßen.

Material

- Blumentöpfe
- Blumenerde
- Blumenzwiebeln
- Papier
- Stifte

Tina-Burger und Nina-Nudel

Jeder Mensch hat ein Leibgericht. Tina zum Beispiel läuft bei Fisch-Burgern das Wasser im Munde zusammen. Allerdings müssen dabei genau zwei Fischstäbchen und ein Radieschen in zwei Brötchenhälften gelegt werden – betoniert in „Ketchup-Majo“. Bei Nina sind es die speziellen Locken-Nudeln mit Käsesoße und einem Häufchen Marmelade obendrauf. Geschmäcker sind eben verschieden. Wenn aber der eigene Name in direkter Verbindung mit einer so leckeren Köstlichkeit steht, dann ist das schon eine tolle Sache. Das prägt sich ein, denn: „Nach mir ist sogar ein Gericht benannt worden“. Mahlzeit!

Tipp

Solche Spezialgerichte können auch nach ganzen Gruppen oder Familien benannt werden.

Löwe, Vogel, Maus

Der Spielleiter bereitet für dieses Spiel etwa 10 Fragen vor, die die Kinder nicht unbedingt beantworten können müssen. Wohl sollten sie sich aber für eine Antwort von drei möglichen entscheiden und zu ihrer Entscheidung in Form eines „Kringels“ stehen können. Lustigen Fragen ist auf jeden Fall der Vorzug zu geben!
Nun liest der Spielleiter also seine erste Frage von einem Merkzettel ab. Auf dem von den Kindern auszufüllenden Spielplan sind nur die drei Antworten mit den drei Kringelfeldern zu sehen! Den drei Spalten wird jeweils ein Tiersymbol zugeordnet. Wer hat wohl recht: der Vogel, die Maus oder der Löwe?

Beispiel für einen Spielplan

1. Frage: Wie heißt das Baby von ein Reh?

2. Frage + drei Auswahlantworten

3. Frage ... usw.

Zitz	Ritz	Kitz

Drei Kinder nehmen gleichzeitig an einem Durchgang teil und sitzen gemeinsam vor einem Spielplan. Sie lauschen der ersten Frage. „Wie heißt das Baby von einem Reh?“

Die Kinder bekommen etwa eine Minute Bedenkzeit, bevor der vor ihnen liegende Antwortstreifen aufgedeckt wird. Heißt das Tierchen nun Ritz, Zitz oder Kitz? Tja, da ist guter Rat teuer. Es hilft nur eines: Sich rasch für eine Lösung zu entscheiden und einen Kringel im entsprechenden Feld zu machen, unabhängig vom linken oder rechten Nebenmann – denn wer weiß schon, ob sie die richtige Antwort kennen!

Jedes Kind benützt eine andere Farbe für die Kringel! Jeweils richtige Antwortkringel kennzeichnet der Spielleiter mit einem speziellen, größeren Kringel in gelber Leuchtfarbe.

So kann man am Schluss leicht an den Farben ablesen, wer sich wie oft richtig entschieden hat.

Tipp

Dabei könnte überlegt werden, warum Toni und sein Freund Heinz immer im gleichen (und auch meist verkehrten) Feld einen Kringel gesetzt haben. Wer von beiden traut sich da selbst keine eigene Meinung zu?

Größometer-Bilder

Zu den Kleinen und Kleinsten in einer Gruppe zu gehören ist schon eine ungerechte Sache. „Warte, bis du groß bist –", heißt es da. Wie gemein! Doch was wäre, wenn aus den Gruppen-Minis plötzlich riesige Lulatsche werden, solche mit scheinbar gewaltigem Einfluss und jeder Menge Autorität?
Nichts leichter als das: Man nehme an einem heißen Sommertag die Kleinsten der Gruppe an die Hand und führe sie in die Sonne. Dort werfen sie Schatten von ungeheuerlichen Ausmaßen auf den Asphalt. Schnell eine Straßenkreide her und es geht ans Malen. Die Umrisse des in Sekundenschnelle gewachsenen Kindes werden farbig auf das Trottoir gebannt und zuletzt mit einem Meterband abgemessen.

Tipp

Wer mag, legt einen langen Papierstreifen auf den Boden und zeichnet das Schattenbild darauf – zum Aufbewahren und als Motivation für besonders schlechte Tage.

Open-End

Es bedarf Entscheidungsfähigkeit und der Fähigkeit zu strukturiertem Denken und planvollem Vorgehen, wenn zu einer vorgegebenen Geschichte ohne Ende ein individueller Abschluss gefunden werden soll.
Ob die Kleinsten innerhalb einer Gruppe bereits schreiben können oder nicht, spielt keine Rolle. Denn das Ende der Geschichte soll in jedem Falle gemalt werden.
Dazu sucht der Spielleiter ein geeignetes Bilderbuch aus der Bibliothek aus, das dem kognitiven Leistungsvermögen der Gruppe entspricht. Dienlich sind vor allem solche Bilderbuchgeschichten, die einen Höhepunkt aufweisen. Das Buch soll im Sitzkreis bis zu diesem Höhepunkt gezeigt und besprochen werden (die professionelle Variante wären Folien für den Tageslichtprojektor oder Dias der einzelnen Bilder). Und was passiert wohl danach?
Nun ist Kreativität und Mut gefragt: Denn so seltsam der eigene Gedanke für einen Abschluss dieser Geschichte klingen mag – vielleicht ist diese Lösung längst nicht die schlechteste. Auf jeden Fall ist es eine selbstgefundene Lösung, die abschließend mit dem dazugehörigen Selbstbewusstsein vorgestellt werden darf.

Die Sonne geht auf

Alle Mitspieler liegen „schlafend“ auf dem Boden. Blinzeln ist erlaubt, denn sonst sieht keiner die Sonne aufgehen. Diese erscheint nämlich in Form eines großen, gelben Kartonkreises, den ein ausgewählter Spieler noch hinter seinem Rücken versteckt hält. Lässt er den gelben Ball zum Himmel aufsteigen (er hält sie hoch), so ist das für die „Schlafenden“ das Zeichen zum Aufbruch. Rasch erheben sie sich von ihren Ruhestätten und laufen frei durch den Raum. Dabei behalten sie die Sonne immer im Auge, denn wenn sie untergeht, bedeutet es für die Läufer, sich sofort wieder niederzulegen.
Dem Sonnenträger ist damit eine besondere Macht verliehen. Nach Gutdünken kann er den Rest der Gruppe in Bewegung setzen oder ruhigstellen – eine sonnenklare Angelegenheit.

Material

- „Sonne“ aus Pappe

Pünktchen und anderes

Dieses lustige Körperspiel ist besonders im Sommer zu empfehlen, wenn die Teilnehmer nicht zu dicke Kleidung am Leib tragen müssen. Mit einem Kugelschreiber versteckt jeder an seinem Körper (Intimzonen und die Haare sind natürlich tabu) fünf Mini-Pünktchen, zum Beispiel auf dem Ohrläppchen, hinterm Ellenbogen, auf dem großen Zehen, an der Schulter und am anderen Arm. Fertig präpariert, präsentiert sich dann jeder Bodypainter seinem Spielpartner oder einer Suchergruppe, die es alle darauf abgesehen haben, die fünf Pünktchen in Sekundenschnelle ausfindig zu machen!

10

Tipp

Eine Stoppuhr ist zu empfehlen, so lassen sich die findigsten Pünktchendetektive an der Kürze der benötigten Fahndungszeit erkennen.

Spiele für das Wir

Blitz-Check

Zwei Spieler stehen einander Auge in Auge gegenüber. Eine Minute lang haben sie Zeit, sich gegenseitig eingehend zu mustern und sich so viele Details wie möglich einzuprägen.

Ihre Wahrnehmungs- und Merkfähigkeit werden im Anschluss überprüft. Beide Teilnehmer drehen sich 180 Grad um die Achse und stehen nun Rücken an Rücken. Weiß der eine noch, welches Muster die Socken des anderen hatten? Oder ob die Hose schwarz-blau oder schwarz-grün liniert ist?

Die Fragen zu den Personen werden von den umstehenden Gruppenteilnehmern ausgetüftelt und abwechselnd gestellt.

Für jede richtige Beantwortung darf sich der Spieler einen Wahrnehmungspunkt gutschreiben.

Regel

Beide Spieler erhalten gleich viele Fragen. Außerdem steht jedem Spieler ein Blitz-Joker zur Verfügung. Er kann vor Beantwortung einer Frage eingesetzt werden und bringt bei der richtigen Beantwortung 10 Punkte ein.

Gruppeneintopf

Man stelle sich vor, die ganze Gruppe bzw. Familie ist das fertige Gericht und ihre Mitglieder die Zutaten für ein leckeres Rezept!
Jeder Teilnehmer notiert auf einem Zettel die Mengen- oder Gewichtsangaben, in welchen er persönlich die einzelnen Gruppenmitglieder vertreten sieht.
Da schreibt zum Beispiel Anna:

Familie Huber
1 Kilo Papa
1/2 Kilo Mama
1/2 Kilo Berti
100g Anna

Zum Vergleich betrachte man nun Frau Hubers Einschätzung:

Familie Huber
1 Kilo Berti
1 Kilo Anna
100g Papa
100g Mama

So – nun ist die Überraschung perfekt! Anna sieht sich selbst als schwächstes Element. Ebenso ergeht es aber der Mama. Und man wird sehen, was die übrigen Rezeptvorschläge von Berti und Papa ergeben. Höchste Zeit, sich einmal gemeinsam Gedanken darüber zu machen, warum, seit wann und wie oft sich welches Mitglied besonders benachteiligt fühlt.

Der Hüpfwurm

Alle Mitspieler legen sich auf den Boden, und zwar so, dass jeder mit seinem Kopf auf dem Bauch des Vorgängers zu liegen kommt. Nun sendet der Erste dieses Kettenwurmes per Zwerchfell einen kleinen Hüpfer an das Haupt dessen, der auf seinem Bauch ruht. Sobald dieser den Hüpfer spürt, erzeugt er seinerseits einen Zwerchfellhopser zum nächsten Spieler und so weiter.

Tipp

Eine besonders lustige Abwandlung ist übrigens der Lachwurm. Anstelle des nüchternen Zwerchfellhüpfers wird ein fröhlicher Lacher weitergeleitet, bis sich die gesamte Gruppe vor Freude auf dem Boden kringelt.

Einfach tierisch

Jedes Gruppenmitglied erhält Zeichenpapier und Stifte.

Dann lautet der Auftrag:
Stell dir vor, du wärest ein Tier.
Stell dir vor, dein Nebenmann wäre ein Tier.
Stell dir vor, unsere ganze Gruppe würde sich in Tiere verwandeln.
Zu wem würde welches Tier am Besten passen?
Male unsere Gruppe als Tierfamilie und beschrifte die einzelnen Tiere mit den entsprechenden Namen der Gruppenmitglieder.

Alle Mitspieler machen sich ans Werk und vergessen dabei auch nicht einen einzigen der Gruppe. Selbst die abwesenden Personen werden berücksichtigt. In einer abschließenden Besprechung der Bilder begründen die Künstler die Wahl ihrer Tiere:
Tim, ein Haifisch – wer hätte das gedacht?
So ein Haifisch ist ein unberechenbares, starkes Tier – warum Bernd den Tim als Hai gemalt hat und was das mit ihm selbst zu tun haben könnte, das soll nun gemeinsam in der Gruppe diskutiert werden.

Eine spannende Angelegenheit, denn bei der Betrachtung einer anderen Tierfamilie kann man Tim vielleicht als Hasen wiederfinden, als kleinen Hasen, der keiner Fliege was zu Leide tun könnte ...

Klatsch-Knall-Peng

In einer Konditorei besorgt der Gruppenleiter Papiertüten, für jeden Teilnehmer eine.
Alle Mitspieler setzen sich in einen Kreis und blasen ihre Tüten kräftig auf. Die Tütenöffnung wird zusammengepresst, damit nicht vorzeitig Luft entweichen kann. Mit der freien Hand holt nun jeder zum Schlag aus. In dieser ausholenden Bewegung verharren die Spieler solange, bis sie an der Reihe sind: Der Erste klatscht auf die Tüte, sobald der Knall verklungen ist, macht sich der Nebenmann ans Werk, peng, das Knallgeräusch dieses Zweiten ist das Startsignal für den dritten Spieler usw. So entwickelt sich eine Rundum-Knallerei, die ihresgleichen sucht. Und dennoch wird ein gemeinschaftliches Anliegen berücksichtigt: Denn einer wartet auf den anderen, schön hintereinander, erst so entsteht die optimale Klatsch-Knall-Peng-Kette!

15

Material

- Papiertüten

Ich bin's

Bei diesem Fangspiel geht es darum, Gruppenmitglieder am Klang der Stimme zu erkennen.
Ein Spieler – der Fänger – steht mit dem Gesicht zur Wand. Hinter ihm gruppieren sich alle anderen Teilnehmer und verhalten sich mucksmäuschenstill. Durch Gebärdensprache einigen sich diese über den jeweils nächsten Sprecher. Der klopft nun dreimal auf den Rücken des Fängers. Daraufhin fragt dieser: „Wer ist da?" Der Klopfer antwortet nun lediglich mit einem Wort: „Ich!" Erkennt der Fänger, wer ihm da auf die Schulter getippt hat? Wenn nicht, darf er noch zweimal nachfragen, erhält aber immer dieselbe kurze Antwort. Sobald der „Blinde" den richtigen Namen des Klopfers ausgerufen hat, rennt dieser blitzartig davon und der Fänger saust ihm hinterher. Hat er ihn eingefangen, so wird er Fänger in der zweiten Runde.

Freundschaftsschachteln

Freundschaftsschachteln sind ganz einfach herzustellen und bereiten Menschen jeden Alters große Freude. Man benötigt eine leere Zündholzschachtel, die mit Schmuckpapier beklebt wird. Perlen, Pailletten oder Naturschmuck lassen die Box in neuem Glanz erstrahlen. Was aber mag wohl in so eine kleine Schachtel hineinpassen? Nun, alles eigentlich, womit man der jeweiligen Freundin oder dem Freund eine Freude machen kann. Wer möchte, steckt reale Gegenstände hinein, wie zum Beispiel drei große Gummibärchen für die Naschkatze, eine Glasmurmel für den passionierten Kindergartengolfer, einen angemalten Stein für den Esoteriker oder ein Spinnenei etc. für Naturforscher.

Eigentlich gedacht sind solche Freundschaftsschächtelchen jedoch für Inhalte symbolischer Natur. Für alles was man gerne weitergeben möchte, sucht man im Katalog oder in Zeitschriften nach eindeutigen Bildern oder Symbolen. Diese werden ausgeschnitten und im Tütchen versenkt.

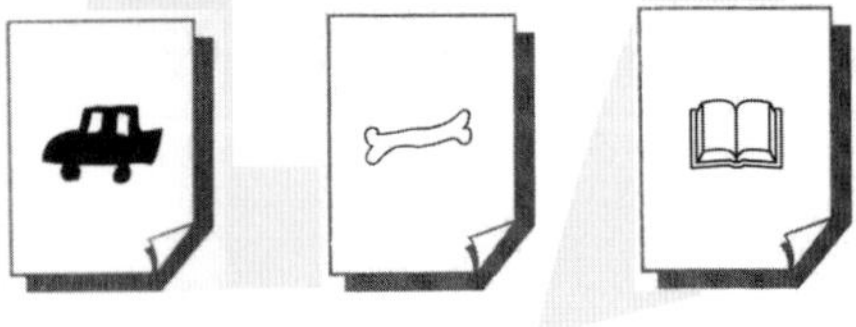

Die verschlüsselten Geheimzeichen, die aus der Schachtel purzeln, könnten beispielsweise bedeuten:

- Ich möchte mit dir einen Ausflug machen.
- Ich lade dich zum Essen ein.
- Danke für die Ausleihe der Comics.

Der Empfänger wird die Botschaft, die ganz allein für ihn bestimmt ist, schon richtig interpretieren können.

Material

- pro Kind eine leere Zündholzschachtel
- Schmuckpapier
- Perlen
- Pailletten

Notsignale

Bei diesem Spiel geht es um nonverbale Signale, die erkannt werden sollen. Alle Mitspieler laufen oder schlendern kreuz und quer durch den Raum, so als befänden sie sich auf einem gemütlichen Spaziergang. Einem unter ihnen wurde vor Spielbeginn ein Zettel in die Hand gedrückt, von dem er sein Schicksal ablesen kann. Im Laufe dieses Spieles soll ihn beispielsweise ereilen:

- eine Ohnmacht
- ein Sturz mit Verrenkung
- oder ein Herzinfarkt während des Joggens

Während nun alle Mitspieler lustig lachend einher gehen oder sich miteinander unterhaltend in Gruppen auf dem Boden sitzen, überlegt sich der Hauptdarsteller, welche Notsignale er möglichst realistisch senden könnte. Dabei ist daran zu denken, dass sich Notsituationen häufig sehr lautlos und unauffällig ereignen. Wer also bemerkt zuerst, dass hier ein Mensch schwächelt oder sich sogar in ernster Gefahr befindet? Wie reagiert man in diesem Fall richtig? Inwiefern können die Umstehenden zusammen arbeiten, um die Notlage gemeinsam zu meistern?

Sicherlich kann dieses Spiel einen Ernstfall nicht vorweg nehmen, wohl aber Sensibilisieren für mögliche Situationen, in denen es lebenswichtig ist, zu erkennen, zuzugreifen und zu handeln.

Topf und Deckel

Im Vorfeld dieses Partner-Suchspieles muss der Spielführer genügend Gegenstandspaare notieren und herbeischaffen, die logisch zueinander passen könnten. Zum Beispiel:
Stift – Radiergummi
Hose – Gürtel
Topf – Topflappen
Korken – Glas
Schal – Halsbonbon
Apfel – Apfelkompott
Es sind so viele Gegenstandspaare nötig, wie die halbe Anzahl an Gruppenmitgliedern! Die gesamte Gruppe wird nun in zwei Hälften geteilt. An die Mitspieler der ersten Hälfte werden nun die links stehenden Gegenstände ausgegeben. Die Sachen der rechten Spalte werden anschließend an die zweite Gruppenhälfte verteilt. Die Ausgabe der Utensilien sollte möglichst so vonstatten gehen, dass keiner sieht, was der Nächste bekommt. Dann gehen die Spieler durch den Raum und befragen sich gegenseitig, zum Beispiel: „Ich habe etwas zum Schreiben. Hast du etwas, das dazu passt?“ Die Paare, die zueinander gefunden haben, setzen sich und dürfen den Anderen bei ihrer emsigen Suche zusehen.

Völker-Softies

Das altbekannte Völkerballspiel ist unter bestimmten Voraussetzungen wesentlich besser als sein Ruf. Häufig wird es als aggressiv getöntes Beispiel betrachtet. Ein selbstbewusstes Herangehen an Dinge ist heutzutage aber durchaus erwünscht. Ohne diese Fähigkeit wird sich bald keiner mehr trauen, eine Angelegenheit beherzt in die Hand zu nehmen. Warum also nicht die Fähigkeit schulen, sich Angriffen zu stellen, selbst Angriffe vorzunehmen oder taktisch kluge Ausweichstrategien zu entwickeln! Völker-Softball ist die Alternative. Der Ball ist weich und die Spieler müssen sich nicht mehr aus Angst vor schmerzhaften Treffern verstecken. Sie lernen sich willentlich zu überwinden und der Gefahr ins Auge zu blicken. Auch zum Abbau von Aggressionen bestens geeignet!

Spiele zum Versöhnen

Sockenmurmeln

Jeder Mensch kennt das: Da ist man ausgesprochen stinkesauer und soll sich aber nur verbal Luft machen dürfen. Dabei würde man eigentlich am liebsten mal tüchtig irgendwo draufhaun!
Bei folgendem Spiel ist das Draufhauen nicht nur erlaubt, sondern regelrecht erwünscht: Zwei Spieler sitzen einander mit einigem Abstand gegenüber und rollen sich abwechselnd eine Glasmurmel zu. Dies tun sie mit so großer Geschwindigkeit, dass dem (oder den) seitlich postierten Wüterich(en) das Hören und Sehen vergeht. Sie nämlich sind „bewaffnet“ mit einer „Schlagsocke“. Das ist ein ganz normaler Strumpf, in welchen der zweite Sockenpartner hineingestopft wird. So! Nun warten die „Schläger“ nur noch darauf, dass die Kugel vorbeisaust und sie ihr so richtig mit Wucht eines „auf die Mütze“ geben können. Pro Treffer wird ein Wutpunkt vergeben. Weidmanns Heil!

Tipp

Sitzen mehrere wütende Sockenschläger entlang der Rollbahn, so tauschen sie nach dem Prinzip der Chancengleichheit nach jeweils fünf Murmeln ihre Plätze.

Einander den Kopf waschen

Diese Redewendung bedeutet, man möchte dem anderen einmal ordentlich die Meinung sagen, ihm seine Hirngespinste austreiben oder einfach von seinen falschen Einstellungen „reinwaschen".
Warum also nicht ein Ritual einführen, bei welchem in der Tat ein verärgertes Gruppenmitglied demjenigen den Kopf wäscht, der die Ursache des Ärgers darstellt. Es kann sich dabei um eine konventionelle Haarwäsche handeln, oder aber um eine Massage mit einem feinen Haarwasser. Während dieser wohltuenden Prozedur ist nun der „Coiffeur" berechtigt, all seine angestaute Wut in angemessener Form verbal zu äußern. Er darf sich solange Luft machen, wie die „haarige Anwendung" dauert. Jener, der „gewaschen" wird, hat indes nur schweigend zuzuhören – und zu genießen!
Bei solch einer angenehmen Behandlung lässt sich auch herbere Kritik sicher leicht verschmerzen. Und womöglich werden die Kummerreste bereits mit dem Ausspülen der Haare in den Ausguss geschwemmt.

Popo-Softball

Anstatt der veralteten und ungehörigen Tracht Prügel auf den Hosenboden gilt es bei diesem Spiel zwar eben denselben zu treffen, dabei aber auch zu lachen was das Zeug hält.
Alle Teilnehmer – ob zornig oder nicht – stellen sich in einer Reihe auf und stützen ihre Hände auf die Oberschenkel.
Hinter ihnen steht in etwa 3 m Entfernung der erste Popo-Schütze, gerüstet mit einem traumhaft weichen Plüschball. Auf ein Startzeichen versucht er nun, den verlängerten Rücken eines jeden aufgestellten Mitspielers zu treffen – pro Treffer ein Punkt. Wenn er dann noch erklären kann, warum das Gegenüber den Plop auf den Hosenboden verdient hat umso besser!

Material

- weicher Ball

Der Angriff der Wölfe

Per Losverfahren verwandeln sich die Mitspieler in wilde Wölfe oder zahme Schäfchen.
Dazu werden größere Klebeetiketten (in der Anzahl der Teilnehmer) mit Symbolen beschriftet: z. B. ein roter Zahn für den Wolf, ein gelber Kringel für das wollene Schaf. Dabei gibt es gleich viele Wölfe wie Schafe!
Jeder greift in ein Säckchen und zieht ein Etikett. Dieses Etikett klebt ihm ein anderer Mitspieler auf den Rücken.
Nun setzen sich die Schäfchen arglos in Bewegung. Sie versuchen durch Körperhaltung und Gangart charakteristische Wesenszüge dieser Tiergattung darzustellen. Eher zögerlich, kleinschrittig, ängstlich, anlehnungsbedürftig, tollpatschig ...
Sobald das Signal ertönt, erfolgt der Angriff der Wölfe. Kraftvoll und geschmeidig verfolgen sie ihre Opfer, sie fletschen die Zähne, knurren, heulen und bedrohen – ohne jedoch auch nur ein Schaf zu berühren. Allerdings dürfen beide Tiergruppen versuchen, in einem unbemerkten Augenblick einem Tier der anderen Gattung das Klebeetikett vom Rücken zu zupfen. Sobald dies gelungen ist, findet unter diesen beiden Spielern ein Tier-Wechsel statt. Ansonsten wird jeweils nach 5 Minuten zum Rollentausch gepfiffen.

Die Küsschenkette

Die Gruppe sitzt reihum am Boden. Der Starter – und das ist jedes Mal ein anderer – überlegt sich eine ganz besondere Stelle des Gesichtes, die er mit einem Küsschen bedenken will. Die Nasenspitze vielleicht? Er beginnt bei demjenigen Mitspieler, welchem er gefühlsmäßig gerade am nächsten steht und drückt ihm einen Kuss auf die Nase. Der „Geknutschte“ gibt diesen Liebesbeweis unmittelbar und qualitativ vergleichbar (gleiche Stelle, gleich laut, beherzt oder zaghaft) an seinen Sitznachbarn weiter.

Tipp

Bereits pubertierende Söhne und Töchter müssen von diesem Spiel nicht zwangsläufig „verschont“ werden. Denn häufig hätten gerade widerspenstige Teenager eine zärtliche Geste besonders nötig. Und: Die Macht der Gewohnheit nimmt mit der Zeit die Scheu vor Berührungen.

Der Schatz im Kühlschrank

Liebe geht durch den Magen, diese Volksweisheit ist nur allzu berechtigt.
Aus diesem Grund bietet es sich an, nach einer besonders „brenzligen“ Situation den Kühlschrank des Gemeinschaftsraums zu füllen.
Dabei könnte es sich um eine besonders beliebte Nachspeise in der großen Gemeinschaftsschüssel handeln (alle löffeln aus einem Gefäß), um eine „Schlachtplatte“ (zu essen wie im alten Rom: auf dem Boden liegend und unter Zuhilfenahme aller Finger) oder um bunt gestaltete hartgekochte Eier (unabhängig von der Osterzeit!) – Der Fantasie sind keine Grenzen gesetzt.
Wer mag, läutet das Versöhnungsmahl mit einem gemeinsamen Spruch ein:
„Es gibt viele Freuden!
Wir können uns gut leiden!
Jeder isst, soviel er kann,
Frau und Mann, ran!“

26

Material

- alles, was schmeckt

Eine Rate-Massage

Ob akut gefährdeter Streithahn oder Dauermuffel – er kommt heute einmal in den besonderen Genuss einer Rate-Massage:
Dazu legt er sich in Bauch- oder Seitenlage mitten auf den Fußboden. Eine Handtuchunterlage und ein kleines Kopfkissen sollen den Liegekomfort erhöhen. Nun wird der Spieler mit einer flauschigen Decke zugedeckt und darf die Augen schließen. Ab jetzt ist Blinzeln nicht mehr erlaubt! Es schleicht sich nämlich der erste Masseur auf Zehenspitzen heran und beginnt den Liegenden durch die Decke hindurch zu „massieren“. Ruhige kreisende Bewegungen, rhythmische Klopfbewegungen, Auf- und Ab-Massagen und so weiter. Dazwischen schreibt er bis zu dreimal den Anfangsbuchstaben seines eigenen Vornamens auf den Rücken des passiven Mitspielers. Möglichst groß und über die gesamte Rückenfläche! Ob der „Schläfer“ seinen Wohltäter erkennen wird? In jedem Fall hat er aber einen Grund, warum er sich die „kindische“ Massage „gefallen“ lassen muss. Schließlich soll er ja auf die richtige Lösung kommen – und gekrault werden ist eben einfach wunderschön, selbst für coole Jungs (in allen Altersstufen).

Finger im Fühlsack

Ein Karton wird mit Reis, Trockenlinsen und Erbsen gefüllt. Darin versenken drei oder vier Mitspieler jeweils eine Hand und wühlen erst einmal genüsslich im Körnerhaufen herum. Ein herrliches Gefühl für jeden einzelnen Finger!
Dieselben machen sich nun auf die Suche nach anderen Fingern. Da zuckt man vielleicht spontan zurück, oder man findet die unerwartete Berührung zum „Kaputtlachen komisch“. Auf jeden Fall wird solange abgetastet und erspürt, bis jeder weiß, wessen Händchen er gerade festhält.

28

Tipp 1

Über alle „untergetauchten“ Hände wird ein Tuch gelegt, so wird es noch spannender.

Tipp 2

Auch Füßeraten macht großen Spaß.

Material:

- Karton
- Reis
- Linsen
- Erbsen

28

Tief durchatmen

Ein sehr empfehlenswertes Mittel, um zur Ruhe zu kommen, ist das bewusste Atmen. Die folgende Entspannungsübung kann man bereits mit kleinen Kindern erfolgreich durchführen. Für sie heißt die Übung das „1-2-3-Schnaufspiel".

Alle Teilnehmer sitzen bequem auf ihren Stühlen. Zur Überleitung darf nun jeder ein-, zweimal ganz tief Luft holen und sie geräuschvoll wieder ausatmen, bzw. hinaussingen. Das klingt dann etwa so wie eine Sirene. Man beginnt mit dem höchstmöglichen Ton und endet stimmlich ganz unten. Ausgeatmet wird dabei auf eine bestimmte und selbstgewählte Buchstabenfolge wie zum Beispiel auf „phu", „hia", „hi", „miu" usw. (Vokale im Anlaut sind ungeeignet, da man leicht in Versuchung gerät zu pressen.)
Dieser Sirenenchor hört sich sehr lustig an und reizt zum Lachen. Umso besser, dann fällt der ernstere zweite Übungsteil noch leichter. Jetzt nämlich legt jeder Teilnehmer beide Hände auf seinen Bauch. Gegen das Gewicht der Hände wird nun eingeatmet, wobei sich der Bauch nach oben wölbt. Dabei zählt jeder für sich langsam bis drei und lässt anschließend die Luft

wieder ausströmen, wobei ebenfalls bis drei gezählt wird. Die Atemübung wird so oft wiederholt, bis sich ein Entspannungsgefühl einstellt.

Tipp

Wer mag, führt die Übung im Liegen aus.
Unterlage nicht vergessen!

Wein-berg-schnek-ke

Die Mitspieler werden in so viele „Schrei-Gruppen" aufgeteilt, wie das zu ratende Wort Silben beinhaltet. Angenommen es soll das Wort „Weinbergschnecke" erraten werden: Zuerst wird ein Teilnehmer – derjenige, welcher raten soll – vor die Türe geschickt. Die anderen entscheiden währenddessen mucksmäuschenleise, welches Wort geraten werden muss und wer welche Silbe übernimmt. Das seltsame Konzert beginnt, sobald der Rater das Zimmer betritt: Die erste Gruppe schreit rhythmisch „Wein, Wein, Wein -", die zweite Gruppe „berg, berg, berg -", die dritte „schnek, schnek, schnek -" und die letzte Gruppe „ke, ke, ke -". Alle rufen gleichzeitig und in etwa dem gleichen Takt, damit dem armen Lauscher nicht gänzlich das Hören vergeht. Ob er wohl zur richtigen Lösung gelangt?

30

Spiele einfach so zum Spaß

Wedel-Ei

Alle Mitspieler benötigen einen Tischtennisball und einen breitflächigen Gegenstand zum Wedeln, ein Stück Karton oder einen Plastikteller zum Beispiel.
Dann werden mit Schnüren Anfang und Ende einer „Wedelstrecke" markiert, die es zu überwinden gilt. Mehrere Teilnehmer starten gleichzeitig. Die Tischtennisbälle liegen auf der Startlinie. Sobald der Anpfiff ertönt, treiben die Spieler mittels Hin- und Herwedeln des Tellers das federleichte „Ei" vor sich her, bis es die Ziellinie überrollt. Dabei darf der Teller den Ball niemals berühren. Hat das erste Wedel-Ei sein Ziel erreicht, so steht der Sieger dieser Runde fest.

31

Tipp

Schwieriger wird es, wenn auf der Zielstrecke mehrere Hindernisse eingebaut werden, die es zu umrunden oder zu „durchrollen" gilt (zum Beispiel eine leere Papierrolle).

Material

- Tischtennisbälle
- Pappteller oder breite Kartonstreifen
- Schnüre

Natur-Mandalas

Die Gruppe fertigt in Gemeinschaftsarbeit einen Musterplan für ein ausgefallenes Mandala – zusammengesetzt aus Gaben der Natur – an.
Ein Mandala („Kreis“) ist die Bezeichnung von magisch-symbolischen Diagrammen. Sie sind sozusagen eine bildliche Darstellung der Welt und werden im Hinduismus und Buddhismus als Meditationshilfe eingesetzt.
Der Tiefenpsychologe C. G. Jung übernahm den Terminus als Symbol der Tiefenstruktur der Psyche, das als Kreis oder Viereck Ganzheit und Totalität repräsentiert.

Auf einem großen Papier wird die Anordnung der verschiedenen Muster aufgezeichnet und die dazu benötigten Materialien vermerkt.
Anschließend schwärmt die ganze Truppe aus, um nach den vereinbarten Früchten und Materialien zu suchen. Wer besonders ausgefallene Stücke entdeckt, nimmt sie natürlich ebenfalls mit.

Auf Asphalt wird dann der Plan ins Modell umgesetzt. Blütenköpfe, Kastanien, Gräser, Bucheckern, Blätter, Steine – werden sorgfältig aneinandergelegt bis ein buntes und geschlossenes Naturmandala gestaltet ist.

Tipp

Fotoapparat nicht vergessen!

Material

- großer Papierbogen
- Naturmaterialien

32

Lustige Viechereien

Auf einen großen Bogen Packpapier wird ein Tier in „Lebensgröße“ aufgemalt. Dabei darf unter allen Schwanzträgern im Tierreich ausgewählt werden. Genau dieser Schwanz aber wird in der Zeichnung ausgespart. Den sollen nämlich die Mitspieler selbst anbringen – mittels einer Schnur oder eines Wollfadens plus Klebestreifen.
Wo die Schwierigkeit sein soll? Ganz einfach – kein Teilnehmer sieht etwas! Bevor er nämlich zur Tat schreitet, werden ihm die Augen blickdicht verbunden. Nun muss er sich gänzlich auf seine Instinkte und sein Erinnerungsvermögen verlassen: Wo ungefähr müsste gleich wieder der Po des Elefanten liegen? Nach Gefühl pappt jeder Spieler seinen Schwanz an das Tier.

Spielregel

- Wer am gesamten Tier vorbeizielt, erhält leider gar keinen Punkt.
- Ist das Tier irgendwo im oder am Körper getroffen, so wird dafür ein Punkt vergeben.
- Wer das richtige Körperende erwischt, ergattert 3 Punkte.

- Sieger mit 5 Punkten ist derjenige, der den Schwanz am besten platzieren konnte.

Tipp

Die Schwänze vorher mit Namen versehen!

Material

- große Bögen Packpapier
- Stifte
- Schnüre oder Wollfäden

Seifenopern

Zwei gleichstarke Gruppen stellen ihre Geschicklichkeit und ihr Reaktionsvermögen unter Beweis! Zwei Mannschaften bilden einen Kreis. In der Kreismitte schaltet und waltet der „soap-master". Er nennt ein neues Stück Seife und einen Kübel gefüllt mit lauwarmem Wasser sein eigen. Auf los geht's los: Der Seifen-Meister taucht die Seife kurz ins Wasser und quetscht sie dann ein- oder beidhändig durch Zusammenpressen der Hände zu einem Mitspieler im Kreis. Ist dieser in der Lage, das glibberige Flugobjekt zu fangen, so darf sich die Gruppe einen Punkt gutschreiben. Einen weiteren Punkt gibt es, wenn der erfolgreiche Fänger die Seife wieder zum „Master" zurückschickt und dieser sie ebenfalls zu fassen bekommt. Im Uhrzeigersinn wird das gute Stück weitergeflutscht, immer zwischen Soapmaster und nächstem Mitspieler hin und her, so lange, bis es einmal die Runde gemacht hat. Fällt die Seife zu Boden, wurde dieser Punkt verschenkt.

Statt eines Sieges nach Punkten kann man auch einfach auf Zeit spielen. Die schnellere Gruppe gewinnt.

Fällt die Seife zu Boden, muss der Wurf so oft wiederholt werden, bis es geklappt hat, erst dann wird die Runde fortgesetzt.

Übrigens

Seifenopern „klingen“ natürlich am besten unter freiem Himmel, bei Sonnenschein und in Badekleidung.

Material

- Seifenstück
- Kübel

Knotenwettlauf

Auf einer Wiese werden auf zwei Bahnen in regelmäßigen Abständen 10 bis 20 Markierungen gesetzt, bunte Hütchen beispielsweise, Zweige oder Tannenzapfen.
Zwei Mannschaften stellen sich zu Riegen auf. Der erste Läufer jeder Mannschaft trägt ein geknotetes Tuch in der Hand. Beim Startpfiff saust er los. Sobald er die erste Markierung erreicht, legt er dort seinen Knoten ab und rennt weiter bis zur letzten Markierung. Dort macht er kehrt und flitzt zur Riege zurück, wo er dem zweiten Läufer per Handschlag das Zeichen zum Start gibt. Augenblicklich macht sich dieser auf die Socken, bückt sich bei der ersten Markierung nach dem Knoten, läuft weiter und legt ihn bei der zweiten Markierung ab. Der Sprinter setzt seinen Lauf fort wie beschrieben und schickt dann den Riegendritten ins Rennen. Was hat dieser dritte Läufer nun zu tun? Richtig, er wird den Knoten zur dritten Markierung befördern, der vierte legt ihn bei der vierten Markierung ab usw.

Wer müde ist, beendet die Staffel nach der letzten zu erreichenden Markierung. Fitte Sportler aber transportieren den Knoten auf dieselbe Weise auch wieder

retour – Läufer um Läufer, Markierung um Markierung, bis zurück an den Start.
Gewonnen hat die Gruppe, die zuerst alle Aufgaben erfüllt hat.

Material

- Wegmarkierungen (z. B. Hütchen oder Zweige)
- Tuch

Willkommen in Rudis Raffinesse-Verein

Um im Raffinesse-Verein Mitglied werden zu können, muss man bestimmte Voraussetzungen mitbringen. Man sollte nämlich so raffiniert sein, herauszufinden, was Rudi gerne hat und was er gar nicht mag.
Ein Eingeweihter gibt einige Beispiele vor:

- Rudi mag reiten, er mag aber nicht schwimmen.
- Rudi mag Rollmops, aber keine Pommes.
- Rudi mag radeln, aber er schwitzt nicht gerne

Jetzt sind die anderen Mitspieler an der Reihe, Dinge zu nennen, die Rudis Geschmack treffen könnten. Wer das System durchschaut hat, darf dem raffinierten Verein beitreten und sich neue Aufnahmebedingungen für weitere Spieldurchgänge ausdenken.
Die Lösung lautet:
Rudi mag nur Dinge mit R, r im Anlaut, alles andere interessiert ihn nicht im geringsten.
Weitere Ideen:
Robbis Verein mag nur Begriffe mit Doppellauten.
Sörens Verein bevorzugt Dinge mit Umlauten.

36

Blinker

Das Blinkerspiel erfordert große Aufmerksamkeit und macht riesigen Spaß!
Die Spielergruppe setzt sich in den Sitzkreis. Der Starter hält seine beiden Hände links und rechts an die Seiten seines Kopfes. Der Daumen dockt jeweils an der Schläfe an, die übrigen Finger werden durch Drehen des Handgelenkes zum Winken beziehungsweise zum Blinken gebracht. Der Erste der Runde eröffnet also das Spiel, indem er einen anderen Teilnehmer des Sitzkreises anblinkt. Zur eindeutigeren Kontaktaufnahme darf auch einmal dazu gezwinkert werden.
Der Adressat reagiert flott: Er beginnt seinerseits zu blinken, sein rechter Sitznachbar blinkt mit der Linken, der linke Sitznachbar blinkt mit seiner rechten Hand mit. Jetzt erst darf der Starter aufhören zu blinken. Außer ihm werden bei jedem weiteren Blinkkontakt immer drei Spieler in Bewegung sein: Jeweils der Hauptblinker plus die beiden Nebenblinker.

Der Kuckuck im Nest

Alle Mitspieler sitzen auf Stühlen in einem Halbkreis nebeneinander. Ihnen gegenüber hockt ein „Kuckuck" auf dem Boden. Listig hält er für jeden Spieler ein zusammengefaltetes Zettelchen mit einer Nummer bereit. Da jede Nummer zweimal vorkommt, erhalten auch jeweils zwei Teilnehmer die gleiche Zahl. Wer jedoch welches Los gezogen hat, soll geheim bleiben. Vor allen Dingen der Kuckuck selbst darf keinen Einblick in die Zahlenzuordnung bekommen! Wer welche Nummer vertritt, muss der Kuckuck nun schon selbst herausfinden, indem er eine Zahl laut herausruft: „2".

Da zunächst der eine Zweier keine Ahnung hat, wo der zweite Zweier sitzt, müssen sich die beiden unauffällig durch Körpersprache verständigen. Dann tauschen sie blitzschnell ihre Plätze. Der flinke Kuckuck versucht ihnen jedoch zuvorzukommen und sich in ein fremdes Nest zu setzen. Gelingt es ihm, einen der beiden Stühle zu erreichen, bevor sich Nummer 2 niederlassen konnte, so darf er dort bleiben und der übrige Spieler wird zum neuen Kuckuck ernannt.

Nach ein paar Durchgängen müssten die zusammengehörigen Zahlenpartner soweit bekannt sein, dass die Nesteroberung nur noch eine Frage der Konzentration und des Lauftempos ist.

Tipp

So wird's schwieriger:
Der Kuckuck ruft zwei verschiedene Zahlen aus, die die Plätze tauschen müssen.

Mensch KNUSPERNICHT

Diese leckere Variante des Mensch-ärgere-dich-nicht-Spieles hält anstatt der farbigen Plastikhütchen bis zu vier verschiedene Arten von Leckereien bereit, zum Beispiel vier Rosinen, vier Haselnusskerne, vier Cashew-Kerne ...

Gespielt wird wie üblich auf einem Mensch-ärgere-dich-nicht-Spielbrett: Sobald Spieler 1 eine Sechs gewürfelt hat, darf er seinen „gesunden Spielstein“ an den Start schicken. Die Spielregeln unterscheiden sich eigentlich nur in einem Punkt: Trifft eine feindliche Cashew-Nuss auf das gleiche Feld wie eine Rosine, so wird die Rosine nicht herausgeworfen und auf ihr Außenfeld zurückgeschickt, sondern einfach vom Cashew-Kern-Spieler aufgegessen. Da wird die Geduld schon auf eine harte Probe gestellt, wenn die Spielsteine gar nicht mehr neu an den Start gehen, sondern einfach im Mund des Gegenspielers auf Nimmer-Wiedersehen verschwinden (außer man gestattet einen gewissen Vorrat an Spielsteinen für die echten Notfälle).

Wer mag, erfindet ein selbstgezeichnetes brandneues Spielbrett, das im Outfit zu den vitaminreichen Spielsteinen passt. Wenn es laminiert wird, ist es praktisch unverwüstlich und dient für viele weitere Spieldurchgänge in der Gruppe.

Der alte König ist krank

Die Gruppe sitzt im Kreis. Einer wird zu des Königs General ernannt und ruft nun aus:
„Der alte, alte König ist krank!"
Daraufhin fragen die anderen im Chor zurück:
„Was hat – was hat – was hat er denn?"
Prompt antwortet der General:
„Er zuckt mit dem linken Auge!"
Da beginnen alle Teilnehmer hemmungslos mit dem linken Auge zu zucken, bis ein zweiter General eine neue Botschaft aus dem Königshaus vermeldet:
„Der alte, alte König ist krank!"
„ Was hat – was hat – was hat er denn?"
„Er klappert mit den Zähnen!"
So kommen immer mehr Zipperlein zusammen, die den alten König plagen. Und sie plagen ihn alle zur selben Zeit, so dass es für die Teilnehmer eine wahre Meisterleistung ist, sämtliche Beschwerden parallel nebeneinander schauspielerisch darzustellen, ohne sich dabei selbst krank zu lachen.

Spiele, die Ordnung schaffen

Schlamper-Pfänden

Haargenau dann, wenn es überall im Hause (oder im Garten) genauso aussieht wie bei Hempels, ist es höchste Zeit für‘s Schlamper-Pfänden. Unvermittelt und ohne Nachsicht wird zum Spiel gepfiffen: In einer Blitzaktion sammeln alle Gruppenmitglieder sämtliche heimatlos herumliegenden Utensilien in einen Korb. Dieser Korb wird mit einem Tuch vollständig abgedeckt und auf einem Tisch aufgestellt. Die Spannung steigt, denn der Spielführer greift nun in den Korb – mit den verheißungsvollen Worten: „Was soll das Schlamperpfand in meiner Hand für eine schlimme Buße tun?“

Die Gruppe schlägt verschiedene Bußakte vor, aus welchen sich der Spielleiter für eine Variante entscheidet. Dann lüftet er das Geheimnis. Das Schlamperpfand wird ans Licht gebracht – und damit auch sein Besitzer. Dieser muss sich endgültig seinem Schicksal ergeben und tun, wie ihm geheißen. Ob er nun das Einmaleins mit 17 rückwärts aufsagen muss, oder ob er ein Tänzchen nach Kosaken-Art zum Besten geben soll – die Buße ist erst erfüllt, wenn er das verräterische Fundstück ordnungsgemäß aufgeräumt oder entsorgt hat. Bleibt nur zu hoffen, dass nicht noch mehr Gegenstände des gleichen Eigentümers im Körbchen warten.

Räumungs-Schnipp-Schnapp

Auf quadratische Kartonplättchen (ca. 8cm x 8cm) werden Symbole für Aufräumarbeiten gemalt.
Zum Beispiel:

für Tisch-decken	für Staub-wischen	für Kehren	für Schnee-räumen	für Tisch-decken

Zu jedem Kärtchen gibt es den bildgetreuen Doppelgänger. Jedes Gruppenmitglied fertigt so viele Symbolpaare wie nötig an (eine Liste der insgesamt zu bewältigenden Arbeiten wird einfach durch die Zahl der Gruppenmitglieder geteilt).
Die fertigen Spielkarten werden gemischt und vor Wochenbeginn in einer launigen Gemeinschaftsrunde umgekehrt auf den Tisch gelegt. Und nun wird Schnipp-Schnapp gespielt:
Im Uhrzeigersinn dreht jeder Teilnehmer eine Karte um. Die Karten bleiben aufgedeckt liegen. Sobald ein Spieler den Zwilling einer bereits aufgedeckten Karte erwischt, ruft er „Schnipp-Schnapp“ und das Symbol-

paar gehört ihm. Die Aufgaben der auf den Kärtchen abgebildeten Zeichnungen sind ihm nun für eine Woche anvertraut. Da es natürlich ungerecht wäre, wenn ausgerechnet der beste Spieler die meisten Hausarbeiten übernehmen müsste, werden im Anschluss an das Spiel die Karten-Häufchen verglichen. Die Sieger dürfen nun solange ausgewählte Karten-Paare vergeben, bis jeder etwa das gleiche Wochenpensum zu erledigen hat.
Auf jeden Fall wird allen Teilnehmern auf diese Art die Vielzahl der zu bewältigenden Arbeiten aufgezeigt und in spielerischer Weise kann sich jeder allmählich mit seiner Verantwortung innerhalb einer Gruppe vertraut machen.

Material

- Karton
- Schere
- Stifte

Kellner würfeln

Sitzen nach einer feinen Mahlzeit alle mit vollen Mägen und müden Beinen rund um den Esstisch, und keiner kann sich so recht zum Tischabräumen aufraffen, dann ist die Zeit für „Kellner-Würfeln“ gekommen.

Ein Würfel macht die Runde. Jeder gesättigte Teilnehmer wirft ihn genau einmal. Die Anzahl der Würfelaugen entspricht der Anzahl der zu entfernenden Utensilien vom kulinarischen Schlachtfeld.

43

Jobs verpfeifen

Wenn es darum geht, einen nicht alltäglichen „Job“ zu vergeben, um welchen sich wahrlich keiner reißt, wie z. B. das Aquarium zu reinigen, das Zelt zu flicken oder den Gartenzaun zu streichen, dann wird die Entscheidung dem Zufall überlassen.
Der „Zufall“ verlässt mit einer Trillerpfeife angetan den Raum. Im Zimmer organisiert sich die übrige Gruppe zu einem Kreis. Im Uhrzeigersinn soll je nach Job-Sparte ein typischer Gegenstand von Spieler zu Spieler weitergereicht werden. Einer fängt an. Der Zufall vor der Türe pfeift zum Start. Nun wird sich jeder Teilnehmer beeilen, den Gegenstand möglichst rasch vom einen Nachbarn abzunehmen und noch rascher wieder an den nächsten Nebenmann loszuwerden. Denn jederzeit könnte ein zweiter Pfiff ertönen. Und wer zu diesem Zeitpunkt den Gegenstand in der Hand hält, der hat den Job „gewonnen“.

Ein schwacher Trost:
Bei der nächsten Job-Vergabe darf der „Gewinner“ als Pfeifer antreten, so ist er wenigstens für einen Durchgang aus dem Schneider.

Material

- Trillerpfeife,
- diverse Gegenstände

44

Bierdeckel puzzeln

Gesammelt werden Bierfilzchen, bevorzugt solche mit gleichem Aufdruck. Jeder Mitspieler hat einige Exemplare vor sich liegen. Mit einem dunklen Filzstift und mit oder ohne Lineal wird auf jedem Bierdeckel eine kreativ verlaufende Halbierungslinie eingezeichnet. Ob diese Trennungslinie von Ecke zu Ecke oder von Seite zu Seite gezogen wird, ist egal. Mit einer kräftigen Haushaltsschere schneidet man nun an dieser Linie entlang und erhält so zwei zueinander passende Puzzlehälften pro Deckel.
Schon kann das Spiel beginnen. Alle Hälften werden ordentlich durchgemischt und verstreut über den Tisch ausgelegt. Der erste Spieler darf sein Glück versuchen. Er greift wahllos ein Teil heraus und hat nun zwei Minuten Zeit, um das passende Gegenstück zu finden. Ist die Zeit abgelaufen, werden die Teile neu gemischt und der nächste Spieler ist dran.

Variation

Alle Teilnehmer wühlen zugleich in dem Puzzleberg. Wer hat die größte Ausbeute zu verzeichnen, wenn alle Paare komplett sind?

Nussolini

Alle Mitspieler sitzen um einen Tisch. In der Mitte befindet sich eine Schüssel mit einer Mischung verschiedener Nüsse: Erdnüsse, Walnüsse, Paranüsse und Haselnüsse zum Beispiel.
Nun werden dem Starter die Augen verbunden. Außerdem streift er sich ein paar dünne Handschuhe über. Der Blinde wühlt erst einmal mit beiden Händen in der Schale, tastet die verschiedenen Formen ab und entscheidet sich dann für eine Nusssorte. Ob es ihm wohl gelingt, alle in der Schüssel befindlichen Exemplare dieser Nusssorte herauszufinden?
Für jede richtige Nuss gibt es einen Punkt. Falsche Nüsse müssen jedoch von der Gesamtzahl der richtigen Nüsse abgezogen werden. Die verbleibende Punktzahl wird auf einem Spielplan notiert. Der Nächste ist an der Reihe!

46

Material

- Schüssel oder Schale
- verschiedene Nusssorten
- Papier
- Stift

Obstsalat

Jeder Teilnehmer benötigt einen Spielplan. Ein kariertes Blatt in DIN A4 wird mit schwarzem Filzstift in sechzehn gleich große Quadrate eingeteilt. Um nur einmal Arbeit mit dem Linienziehen zu haben, werden gleich reichlich Kopien vom ersten Spielplan angefertigt. Pro Spielerpaar werden zwei Blätter ausgeteilt. Bei Spielbeginn zeichnet jeder Teilnehmer einen Apfel, eine Birne, Kirschenzwillinge, eine Banane und eine Ananas auf je ein beliebiges Feld seines Planes ein. Pro Quadratfeld eine Frucht! Wo jeder seine Früchte platziert, hält er geheim. Das heißt, die Teilnehmer arbeiten verdeckt, bis auch die letzte Frucht untergebracht ist. Ein Signal gibt das Zeichen zum Bilderwechsel! Der eigene Spielplan wird für die Dauer von dreißig Sekunden dem Nachbarn gezeigt. Dieser nützt hochkonzentriert die kurze Zeit, um sich die Obstverteilung des Mitspielers richtig einzuprägen. Dann werden die Pläne wieder zurück gegeben und jeder zeichnet aus dem Gedächtnis den Lageplan des Obstsalates in die hoffentlich richtigen Leerquadrate des zweiten Spielplanes ein. In der abschließenden Partnerkontrolle werden dann die Ergebnisse ausgewertet. Pro richtige Frucht im richtigen Feld gibt es zwei Punkte, pro falsche Frucht im richtigen Feld einen Punkt.

Erschwerung

Wer noch kniffligeren Obstsalat mag, entwickelt einen Spielplan mit mehr Feldern oder lässt mehr Früchte verteilen oder sogar beides.

Tipp

Die Quadrate können auch mit Zahlen oder Buchstaben oder Symbolen gekennzeichnet werden, zur besseren kognitiven Abspeicherung.

47

Kleeblatt

„Kleeblatt“ ist ein lustiges Ordnungsspiel auf Zeit. Jeder Mitspieler sitzt über Papier und Stift und wartet die Vorschrift ab, die der Spielführer angibt: Zum Beispiel: Vierblättrige Kleeblätter sollen gezeichnet werden, die vier verschiedene Symbole tragen: Ein einzelnes Kleeblattherz trägt beispielsweise einen roten Kreis, das Zweite zeigt ein blaues Viereck, das dritte Blatt soll eine gelbe, ausgemalte Sonne enthalten und das vierte Blatt grüne Blattadern. Jeder Spieler legt sich die geforderten vier Farben zurecht, dann kann gestartet werden – auf die Plätze fertig los!
Wie viele korrekt gefüllte Kleeblätter schafft der Schnellste in X Minuten?

Tipp

Wenn Sie schlampig gezeichnete Kleeblattformen vermeiden möchten, bereiten Sie doch einfach eine entsprechende Kleeblattkopiervorlage vor!

Kuckuck

Achtung, faule Eier gesucht! Per Overhead-Projektor werden Folienstreifen mit je fünf Begriffen an die Wand geworfen, die alle ein gemeinsames Merkmal besitzen. Zum Beispiel:

- Man kann es essen.
- Es dient der Beförderung.
- Es kann schwimmen.

Allerdings hat sich unter die fünf Begriffe ein Kuckuck geschmuggelt. Er gehört nicht in diese Begriffsgruppe: Wer findet ihn zuerst?

49

Beispiele

Trambahn, Zug, Auto, Rollschuhe, Flugzeug
Krebs, Fisch, Boot, Surfbrett, Holz
Hafer, Gerste, Kartoffeln, Weizen, Roggen

Dieses Spiel kann eine hilfreiche Vorbereitung sein, um Gespräche künftig aufmerksamer und inhaltlich zielorientierter zu gestalten, hat man doch gelernt, unter welch verschiedenen Blickwinkeln ein Begriff eingeordnet werden kann.

Material

- Folien,
- Folienstifte

Liniensalat

Liniensalat entsteht, wenn man mit einem möglichst dunklen Stift auf hellem Papier Krakel, Schleifen, Schlangenlinien, Kreise und so weiter hinterlässt. Dieses Liniengewirr soll nun in gewisser Weise geordnet werden, indem nämlich nach zufällig entstandenen Strukturen oder Bildern im Bild gesucht wird. Die gefundenen Details oder Motive werden sorgfältig nachgezeichnet und mit Farbstiften ausgemalt. Sind keine figürlichen Gestalten auszumachen, so finden sich sicher eine Menge Muster, die mit leuchtenden Farben gefüllt werden können.

50

Tipp

Wenn sich zwei Spieler gegenüber sitzen und am gleichen Liniensalat arbeiten, macht es gleich doppelt so viel Spaß!

Don Bosco MiniSpielothek
Klein, fein, alles drin

ISBN 978-3-7698-1786-7

ISBN 978-3-7698-1784-3

ISBN 978-3-7698-1783-6

ISBN 978-3-7698-1729-4

ISBN 978-3-7698-1730-0

ISBN 978-3-7698-1731-7

ISBN 978-3-7698-1614-3

ISBN 978-3-7698-1533-7

ISBN 978-3-7698-1520-7

ISBN 978-3-7698-1613-6

ISBN 978-3-7698-1521-4

ISBN 978-3-7698-1615-0

ISBN 978-3-7698-1522-1

ISBN 978-3-7698-1531-3

ISBN 978-3-7698-1532-0